AF259401

I 41
b
2575

OBSERVATIONS

SUR

LE DÉCRET DU 28 AOUST 1792,

Qui accorde aux habitans des Communes la propriété et le partage des biens dits communaux.

PAR JACQUES PIERRE BRIDET.

A PARIS,

Chez la veuve LEJAY, Imprimeur de la Régie Nationale de l'Enregistrement et des Domaines, rue Sainte-Croix, aux Capucins de la chaussée-d'Antin.

1793.

OBSERVATIONS

Sur le Décret du 28 Août 1792, qui accorde aux habitans des Communes la propriété et le partage des biens dits communaux.

CE Décret enlève à la Nation une propriété qui est susceptible de produire un revenu annuel de quatre cents millions au moins, somme qui, aussi-tôt que les dettes anciennes se trouveront acquittées, pourroit suffire pour toutes les dépenses du Gouvernement. Par ce moyen, non-seulement les Français seroient libres, mais leurs propriétés se trouveroient déchargées de toutes Contributions : cette masse considérable de revenus fonciers appartenant à la nation, les rendroit inutiles.

On a considéré jusqu'à présent les biens dits

communaux comme appartenans soit aux dif-
férens seigneurs, soit aux habitans des communes dans le territoire desquelles ces biens
se trouvent situés. C'est une très-grande
erreur qui porteroit un préjudice infini aux
intérêts de la Nation.

Il est de toute vérité, au contraire, que
les terres vaines et vagues, pâtures, marais
et bois communaux, sont des domaines nationaux, et qu'ils appartiennent à la Nation
et à toute la Société.

On peut distinguer ces sortes de biens en
trois classes :

La première comprend ceux que les ci-
devant Rois ou les ci-devant seigneurs et
propriétaires des grands domaines ont délaissés
aux habitans de telle et telle Commune, soit
pour la pâture de leurs bestiaux, soit afin
qu'ils eussent l'usage libre et entier des bois,
soit à la condition que les donateurs auroient
des parts de bois ou des redevances sur les
forêts délaissées.

La seconde classe est de toutes les terres
non divisées entre les Communes, lesquelles
sont demeurées couvertes de landes et de

bruyères, sur lesquelles cependant les ci-devant seigneurs, dans le dessein de se former des titres à la propriété de ces terres, ont accordé à leurs vassaux des droits qu'ils n'avoient pas, et s'en sont fait passer des déclarations, aveux et dénombremens.

La troisième classe embrasse les grands marais et laisses de mer, dont plusieurs des ci-devant seigneurs se sont également emparés, ou sur lesquels les habitans voisins ont fait aller leurs bestiaux au fur et à mesure qu'ils se sont formés et élevés.

Quels qu'ayent été la possession ou l'usage des seigneurs et des habitans sur ces trois classes de biens, ils n'ont pu les enlever à la Nation, à laquelle ils appartiennent essentiellement.

D'abord, il est hors de doute que tous ceux de ces biens qui sont supposés provenir originairement des dons et concessions des ci-devant Rois ; tous ceux qui, dans le dernier état, faisoient encore partie du domaine de la Couronne, sont absolument des domaines nationaux, et comme tels ne peuvent appar-

tenir aujourd'hui qu'à la Nation et tourner à
son profit.

Il en doit être de même incontestablement
de ceux qui ayant été surpris par les ci-devant seigneurs sur le domaine public, sont
demeurés par les effets d'une possession aussi
vicieuse dans leurs mains, ou ont été trans-
férés sans aucuns droits à leurs vassaux.

Il est plus certain encore que les marais
et laisses de mer, qui n'étant pas desséchés,
sont demeurés incultes, ne peuvent être consi-
dérés que comme faisant partie du domaine
public lorsque ces terreins étoient encore sub-
mergés, ils ne pouvoient appartenir, sans
contredit, à aucun particulier; il n'y a donc
que le domaine public qui ait pu y acquérir
des droits au fur et à mesure qu'ils ont été
découverts.

Indépendamment de ces considérations fon-
dées sur les principes qui ont été dans tous
les tems reconnus en France, il en est une
plus puissante qui manifeste l'injustice qu'il
y auroit d'accorder à certaines Communes la
disposition de domaines aussi considérables
au préjudice de la Nation entière.

Les Rois, les Seigneurs, les Habitans des

Communes ne se sont emparés et n'ont joui des biens connus aujourd'hui sous la dénomination de biens communaux, que parce qu'ils n'étoient à personne, et étoient par conséquent sensés faire partie du domaine public. D'après ce principe, pouquoi, telles ou telles Communes (et ce seroit le plus petit nombre) profiteroient-elles seules de ces biens, lorsque beaucoup d'autres et le corps entier de la Nation n'en auroit aucune partie. Toutes les Communes de la République ou plutôt la République elle-même ont le droit de posséder ce qui est au public, ce qui est à tous, ce qui a toujours appartenu au domaine public. Les Habitans d'une Commune ne peuvent acquérir par le partage la propriété de ces biens sans que tous les autres qui y ont un droit égal en ressentent un préjudice notable.

Il y a des Communes dans le territoire desquelles se trouvent des masses considérables de biens communaux; d'autres, où il y en a très-peu; d'autres, enfin, qui n'en possèdent point du tout.

Cependant les Communes qui retireroient aujourd'hui le plus grand avantage du partage des communaux ne sont pas celles qui ont

payé jusqu'à présent les plus fortes imposi-
tions et qui ont acquitté le plus de charges
publiques : ces sortes de biens n'étoient point
ou n'étoient que très-peu imposés sur les
rôles des Contributions.

Il ne faut donc pas que telles ou telles
Communes soient seules enrichies de l'univer-
salité des biens communaux, par la seule raison
qu'elles s'en trouvent les plus voisines, qu'elles
en ont joui seules, et qu'elles en ont eu jusqu'à présent toute l'utilité et tous les avantages ; il ne faut pas qu'un possède exclusi-
vement ce qui appartient à cent ; il ne faut
pas que la société entière, seule propriétaire
de ce qui a été laissé en commun , soit dé-
pouillée de son droit pour l'avantage particulier
de quelques membres de l'association.

Il faut au contraire que l'égalité de droits
la plus parfaite existe entre les Communes
comme entre les individus.

Cela posé , on peut voir au premier coup
d'œil , le grand intérêt qu'a la Nation de faire
rentrer dans le domaine public ce qui fait la
propriété de tous indistinctement.

Suivant les observations et les calculs des
personnes très-instruites en cette partie , il y

a dans 82 départemens seulement, en Communes, Landes et Bruyères, au moins vingt millions d'arpens qui sont cultivables. En ne les portant qu'à 10 l. l'arpent, valeur commune des terres de cette nature, avant l'affranchissement de ladixme, on peut en retirer un revenu annuel de deux cents millions, ci . . 200,000,000 l.

Il résulte aussi des mêmes observations et des mêmes calculs , qu'il y a deux millions d'arpens d'étangs et de marais, dont le dessèchement est facile. Chaque arpent étant susceptible de produire un revenu de 50 livres, la totalité rapporteroit annuellement cent millions, ci . . . . 100,000,000 l.

Les laisses de mer , dont il existe au moins un million d'arpens, sont aussi susceptibles de culture, en ne les portant qu'à 50 liv. l'arpent, somme inférieure à leur valeur, cette partie fourniroit un revenu de cinquante millions, ci . . . . 50,000,000 L

A l'égard des Bois communaux , ils sont sans contredit d'une très-grande valeur; mais comme on ignore le produit, et que l'on ne peut, par cette raison , les apprécier, on les tire seulement ici pour mémoire, ci, Mémoire.

Le décret du mois d'Août 1792, enlève donc à la Nation une propriété foncière de 350,000,000 l. de revenu annuel, lequel pourroit être porté à quatre cents cinquante millions, attendu, comme on l'a dit, que l'évaluation ci-dessus est faite d'un tiers au-dessous de la vraie valeur que produit l'affranchissement des dixmes.

Dans cette évaluation ne sont pas compris les Domaines engagés, les Fieffermes, les îles des rivières navigables, qui sont également des propriétés nationales; et dans lesquelles il est juste que la Nation rentre, attendu la très-longue et très-utile jouissance qu'en ont eue ceux qui les possèdent. On peut, sans crainte d'exagérer, apprécier ces objets à cent millions de produit, ci. 100,000,000 l.

La République Française peut donc se trouver propriétaire d'un revenu foncier de 550,000,000 livres, sans parler des Domaines qui avoient été laissés au ci-devant roi, des forêts nationales et des autres biens nationaux qui ne seront pas aliénés.

Ce revenu suffiroit sans doute à toutes les dépenses du gouvernement.

Il résulte encore de l'exécution de notre projet beaucoup d'autres avantages. Il nous procureroit l'abondance de tout ce qui concerne les subsistances ; c'est-à-dire, en grains, viandes, suifs, lins, chanvres, huiles, bois, chevaux, etc. Il nous déchargeroit des énormes contributions que nous sommes obligés de payer à nos voisins, pour nous les procurer, et sur l'excédent de nos besoins, nous pourrions leur en fournir pour des sommes considérables ; enfin, il occuperoit des millions d'hommes, tant à la culture, qu'au commerce et aux arts.

Les moyens d'exécution de ce projet sont simples et faciles ;

1°. A l'égard des Communes, Landes et Bruyères, après que chaque Directoire de District auroit fait faire l'arpentage de tout ce qui s'en trouve dans son arrondissement, il feroit afficher ces mêmes Communes, pour être affermées, pour 9 années ; savoir : les Communes au-dessous de 25 arpens, par portions d'un à deux arpens ; celles de 25 à 50 arpens, par portions de trois à quatre ; celles de cinquante à cent, par parties de six à huit ; celles de 100 à 150, par portions de 10 arpens. Ainsi de suite dans une semblable proportion, à la charge par le fermier adjudicataire de chaque portion, de la cultiver dans le courant de l'année suivante.

S'il ne se trouvoit pas assez d'adjudicataires pour la totalité des portions, il conviendroit qu'il fût permis à un même particulier d'en prendre plusieurs.

Et s'il n'y avoit pas dans une Commune assez d'adjudicataires pour la totalité, en ce cas, chaque Directoire de District feroit mettre dans les paroisses circonvoisines du terrein à défricher, des affiches, pour adjuger, au rabais, la totalité de ce terrein, ou ce qui en resteroit, pour être labouré dans une profondeur de 8 à 9 pouces, autant qu'il ne se trouveroit pas de rochers pour en empêcher ; et l'année suivante, on en feroit une nouvelle adjudication par bail à ferme, soit par petites parties, soit par moitié, soit en totalité.

Il est plus que probable que, dès la première adjudication, il sera affermé plus de la moitié des Communaux, c'est-à-dire, plus de dix milliers d'arpens ; or, ne les affermeroit-on que huit livres l'arpent, la Nation auroit déjà un revenu assuré de 80 à 100 millions.

Et en supposant qu'il y eût à faire labourer, aux frais de la Nation , dix millions d'arpens d'une culture plus difficile et d'un défriche-ment plus dispendieux , le produit d'une année de la partie affermée utilement , seroit plus que suffisant pour subvenir aux frais.

Si , à la seconde adjudication , il restoit encore des parties de Communaux qui ne fussent pas affermées, alors on pourroit em-ployer le produit de la seconde année à faire construire des corps de fermes dans les grandes Landes, suivant les dévis que les administra-teurs de Département et de District auroient fait dresser ; la construction de ces corps de fermes rendroit très-faciles les défrichemens, en divisant les terreins par portions conve-nables.

2°. Quant aux marais, on sait qu'ils ne peuvent pas être desséchés partiellement. Il faut des travaux qui opèrent ce desséchement intégralement ; mais le produît des premières terres affermées et cultivées serviroit aux dépenses que ces travaux exigeroient. La plupart des marais demanderoient très-peu de frais, et seroient promptement desséchés. Le produît qui en résulteroit, dès la première année, acheveroit aisément le desséchement de tout ce qui en resteroit.

3° Les dépenses à faire pour mettre les laisses de mer en culture, pourroient être relativement plus considerables, mais on parviendroit encore en très-peu de tems à exécuter cette opération, avec les premiers produits. Il n'y a que des digues de terre de 4, 5 et 6 picds de hauteur à faire construire, suivant les lieux. En certains endroits, une digue qui auroit très-peu coûté, enrichiroit la nation d'un millier d'arpens.

4° Les bois communaux seroient régis par les mêmes administrateurs qui régiront les forêts nationales.

Il est donc manifeste que la Nation peut se procurer, presque sans frais, et au moins sans avance, un revenu annuel sur ses propres fonds, de quatre à cinq cents millions.

Ce motif est assez puissant pour faire demander le rapport du Décret du 28 Août 1792, en ce qui concerne le partage des biens Communaux, et pour faire décréter : 1°. que ces biens, comme domaines publics, font partie des domaines nationaux ; 2°. qu'ils seront défrichés et affermés, par petites parties, au profit de la Nation ; 3°, que tous partages qui auroient été faits de ces biens, depuis quarante ans, seront annullés, et les biens partagés, restitués à la Nation.

J.-Pierre Bridet, de Condé-sur-Noireau, *Département du Calvados.*

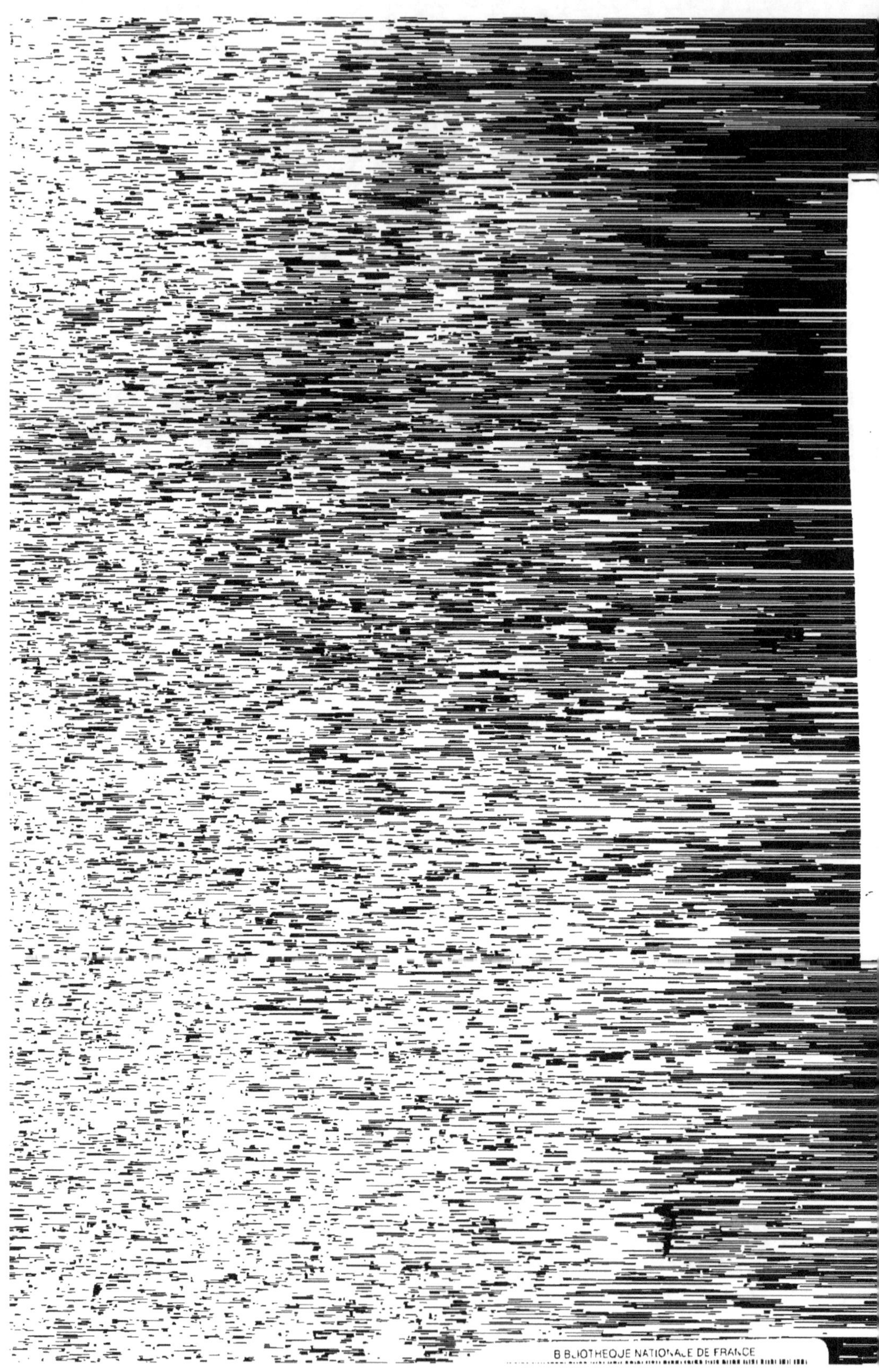